한 손

쏙

미로찾기

한 손에 쏙 미로찾기 ①

발행일 | 2026년 2월 28일

지은이 | 한백

펴낸이 | 장재열

펴낸곳 | 단한권의책

출판등록 | 제25100-2017-000072호 (2012년 9월 14일)

주소 | 서울시 은평구 서오릉로 20길 10-6

팩스 | 070-7850-8021

이메일 | jjy5342@naver.com

블로그 | http://blog.naver.com/only1books

ISBN | 979-11-91853-60-5 (00690)

값 | 4,800원

미로찾기의 유래

'미로'란

'어지럽게 갈래가 져서 들어가면 다시 빠져나오기 어려운 길'을 의미합니다. 이 개념은 고대 그리스의 전설에서 기원합니다.

고대 그리스에서 괴물 미노타우로스를 가두기 위해 만들었다는 크레타섬의 미궁, '라비린토스'가 그것입니다. 목적지까지 가는 길은 단일 경로로 이루어져 있지만, 여러 갈래의 거짓 길이 있어 길을 잃지 않아야만, 목적지까지 도착할 수 있는 미궁(Labyrinth)이라는 개념이 여기에서 탄생하게 됩니다.

이 미궁의 개념은 시간이 지나 중세 시대에는 성지 순례를 대신할 종교적 의미의 건축 형식으로 발전하였습니다. 성당 바닥에 새겨진 라비린스를 걷는 행위를 통해 신자들이 영적 깨달음을 구하는 명상적 의식의 장소로 활용되었습니다.

나아가 르네상스 및 바로크 시대에 이르러서는 이에 오락적 요소가 가미되어 발전합니다. 귀족들은 다수의 갈림길과 막다른 길을 가진 형태의 '미로 정원(Maze)'을 조성했습니다. 현대의 미로 찾기 게임에서 익히 떠올릴 법한, 길을 헤매는 유희와 도전이 가미된 오락 요소를 찾아볼 수 있게 된 것입니다.

19세기에 이르러서는 대량 인쇄 기술이 발달하며 미로가 신문, 잡지 등에 인쇄물의 형태로서 등장하게 됩니다. 이에 따라 누구나 쉽게 접근할 수 있는 지적 유희가 된 미로 찾기는, 물리적 공간이 아닌 평면 위에서 논리력과 집중력을 시험하는 퍼즐로 완성되어 오늘날까지 세계적으로 사랑받는 놀이로 정착했습니다.

이 책을 즐기는 방법

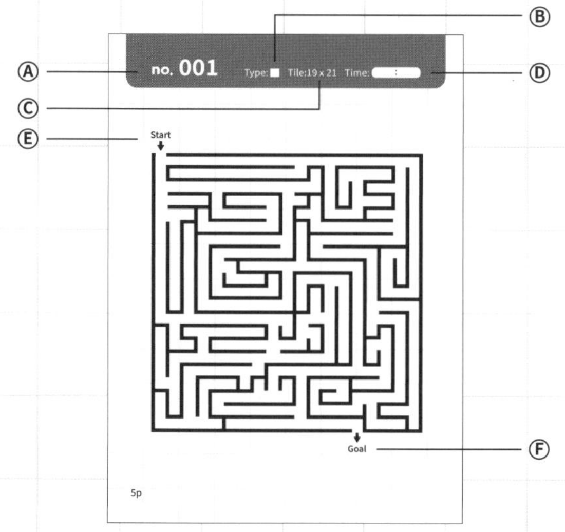

Ⓐ 문제 번호   Ⓑ 문제 타입   Ⓒ 문제 크기   Ⓓ 소요 시간   Ⓔ 시작점   Ⓕ 도착점

1. 문제의 시작점과 도착점을 확인합니다.
2. 시작점으로부터 도착점까지 막히지 않고 도착할 수 있는 길을 찾습니다.

+ 소요 시간 칸에 정답을 찾기까지 걸린 시간을 적어 보세요!
　점점 시간이 줄어들며 실력이 느는 것을 느낄 수 있습니다.

+ 친구와 함께 무작위 페이지를 펼쳐 문제를 풀어보세요!
　소요 시간을 서로 비교하며 즐겁게 지낼 수 있습니다.

Start
Goal

Start

Goal

No. 003

Type : ■ Tile : 8x9 Time : :

Start

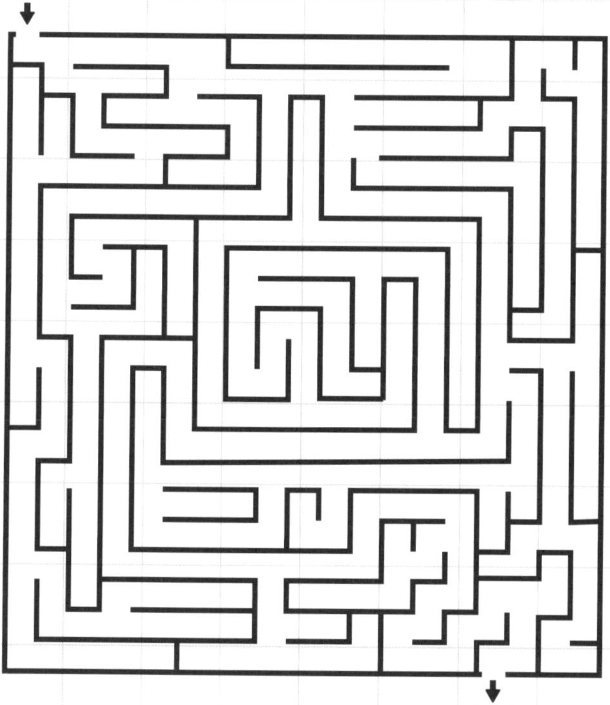

Goal

Start

Goal

Start
Goal

Start
Goal

Start
Goal

Start

Goal

Start
Goal

Start

Goal

Start

Goal

Start

Goal

Start
Goal

Start
Goal

Start
Goal

No. 016

Start

Goal

Start
Goal

Start

Goal

Start
Goal

Start

Goal

Start
Goal

Start
Goal

Start
Goal

Start
Goal

Start
Goal

Start
Goal

Type : ■ Tile : 8x10 Time : :

Start

Goal

Start
Goal

Start
Goal

No. 030 Type : ■ Tile : 8x10 Time : :

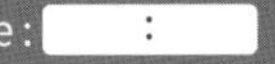

Start

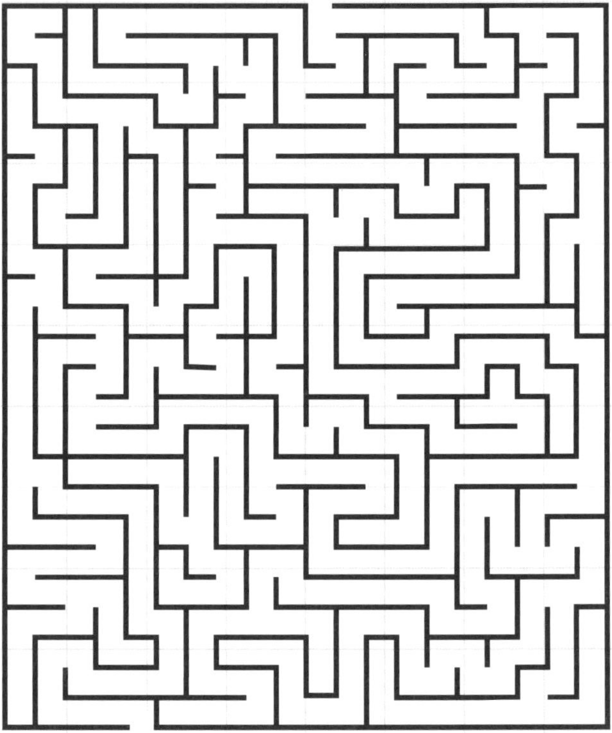

Goal

Start
Goal

Start

Goal

Start
Goal

Start

Goal

Start
Goal

Start
Goal

Start
Goal

Start
Goal

Start

Goal

Type : ■ Tile : 8x10 Time : ☐ : ☐

Start
Goal

Start
Goal

No. 043

Type : ■ Tile : 8x10 Time :   :

Start

Goal

Start
Goal

Start
Goal

Start

Goal

Start
Goal

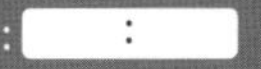
Start

Goal

Start
Goal

Start

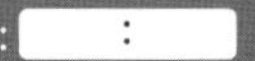

Goal

Start
Goal

Start

Goal

No. 053

Type : ■　Tile : 8x10　Time : ＿＿＿ : ＿＿＿

No. 054

Type : ■　Tile : 8x10　Time : 

Start

Goal

No. 055

Type : ■ Tile : 8x10 Time : ___ : ___

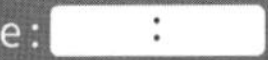

Start

Goal

Start

Goal

Start
Goal

Start
Goal

Start
Goal

No. 061
Type :
Tile : 8x10
Time :
Start
Goal

No. 062

Type : ■ Tile : 8x10 Time : :

Start

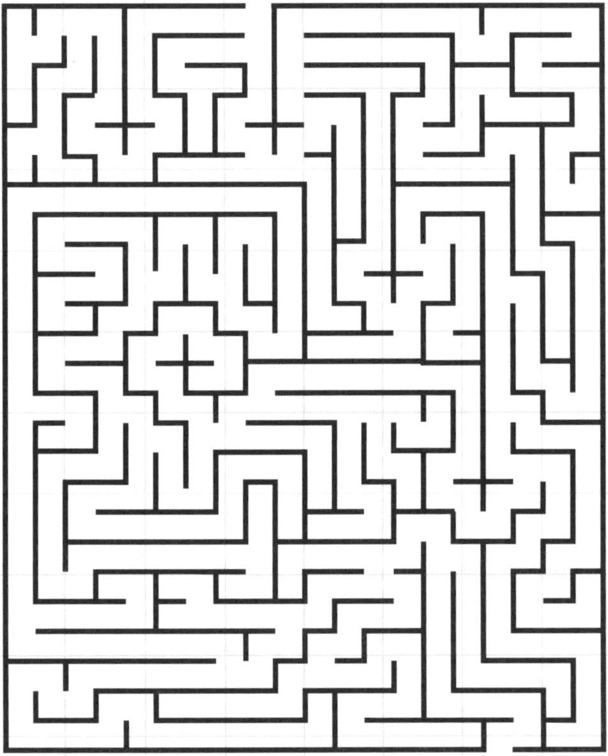

Goal

Start
Goal

Start
Goal

No. 065

Type : ■   Tile : 8x10   Time : [ ] : [ ]

Start

Goal

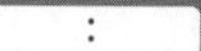

Type : ■　Tile : 8x10　Time :　　:

Start
Goal

Start

Goal

Start

Goal

Start
Goal

Start
Goal

Start
Goal

Start

Goal

Start

Goal

Start
Goal

Start
Goal

Start
Goal

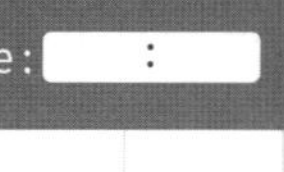

Start

Goal

Start
Goal

Start

Goal

No. 081

Type : ■ Tile : 8x10 Time : [   ] : [   ]

Start

Goal

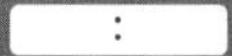

Start

Goal

Type : ■　Tile : 8x10　Time : ___ : ___

Start

Goal

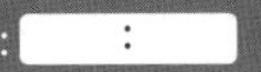

Start

Goal

Start

Goal

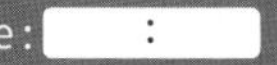
Start

Goal

No. 087

Type : ■ Tile : 8x10 Time : :

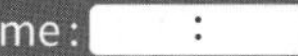

Start

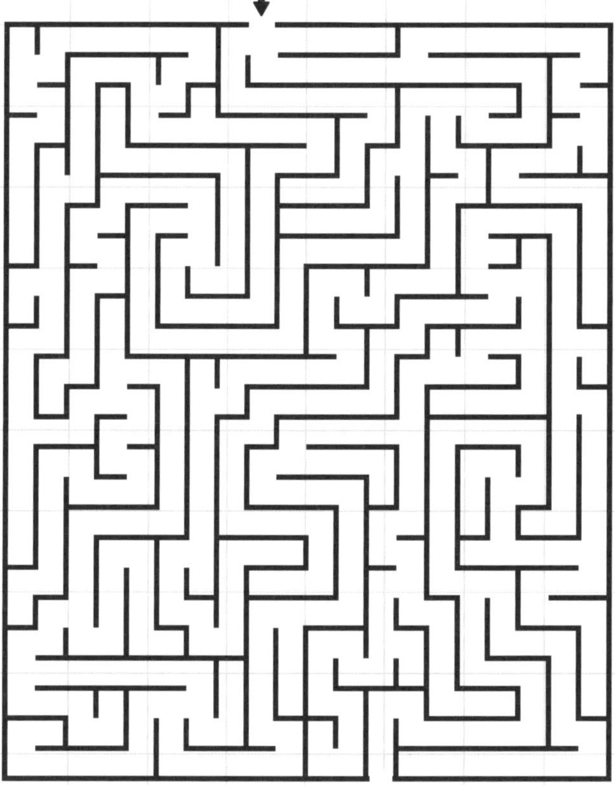

Goal

Start

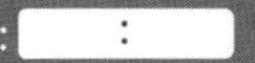

Goal

No. 089

Type : ■ Tile : 8x10 Time : :

Start

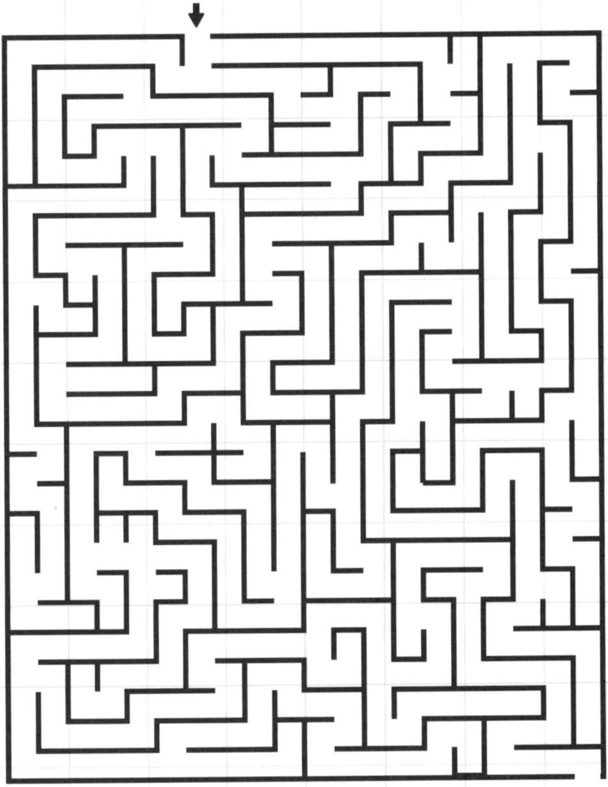

Goal

Start
Goal

No. 091

Type : ■ Tile : 8x10 Time : ☐ :

Start

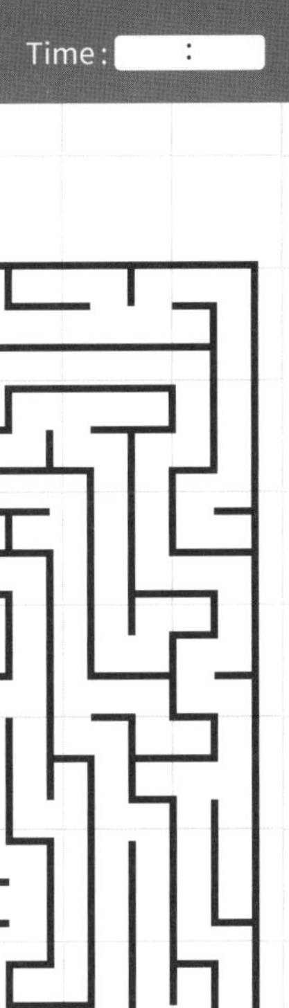

Goal

Start
Goal

Start
Goal

Type : ■ Tile : 8x10 Time : :

Start

Goal

Start
Goal

Start

Start
Goal

Type : ■ Tile : 8x10 Time : ___ : ___

Start

Goal

Start

Goal

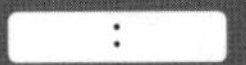

Start

Goal

Goal

Start

Goal
Start

Goal
Start

Goal
Start

Goal
Start

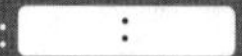

Goal

Start

Goal
Start

Goal

Start

Goal
Start

Goal
Start

No. 111

Type : ⬡ Tile : 10x11   Time : ☐ : ☐

Goal

Start

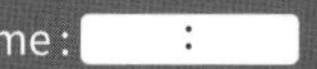

Goal

Start

Goal
Start

Goal

Start

Goal
Start

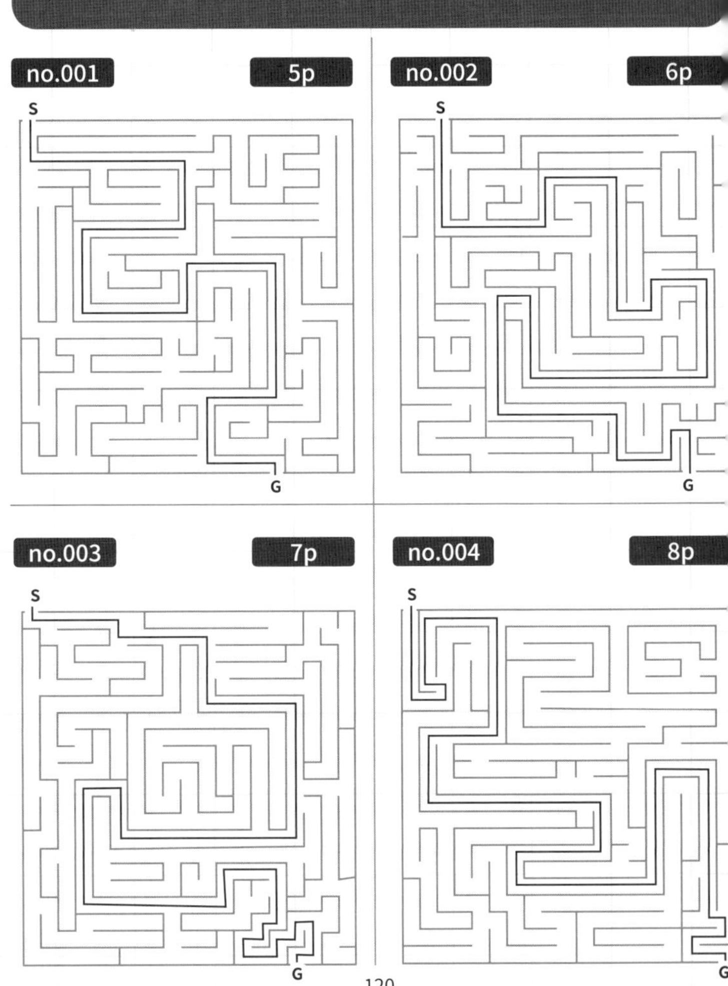

no.001
5p
S
G
no.002
6p
S
G
no.003
7p
S
G
no.004
8p
S
G

정답

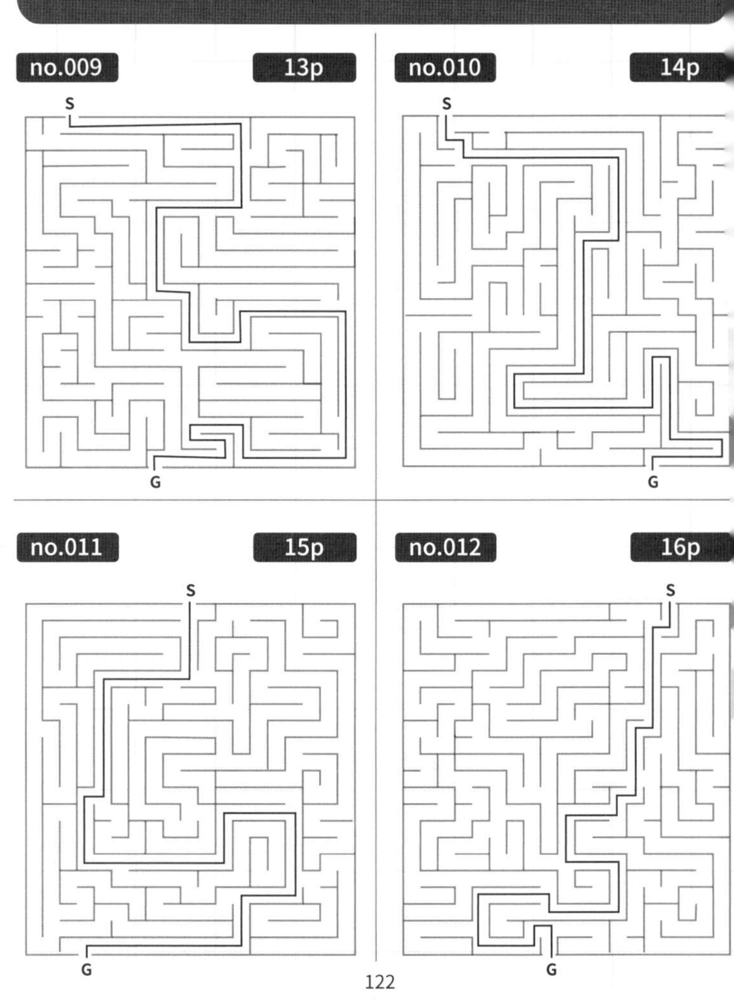

no.009
13p
S
G
no.010
14p
S
G
no.011
15p
S
G
no.012
16p
S
G

정답

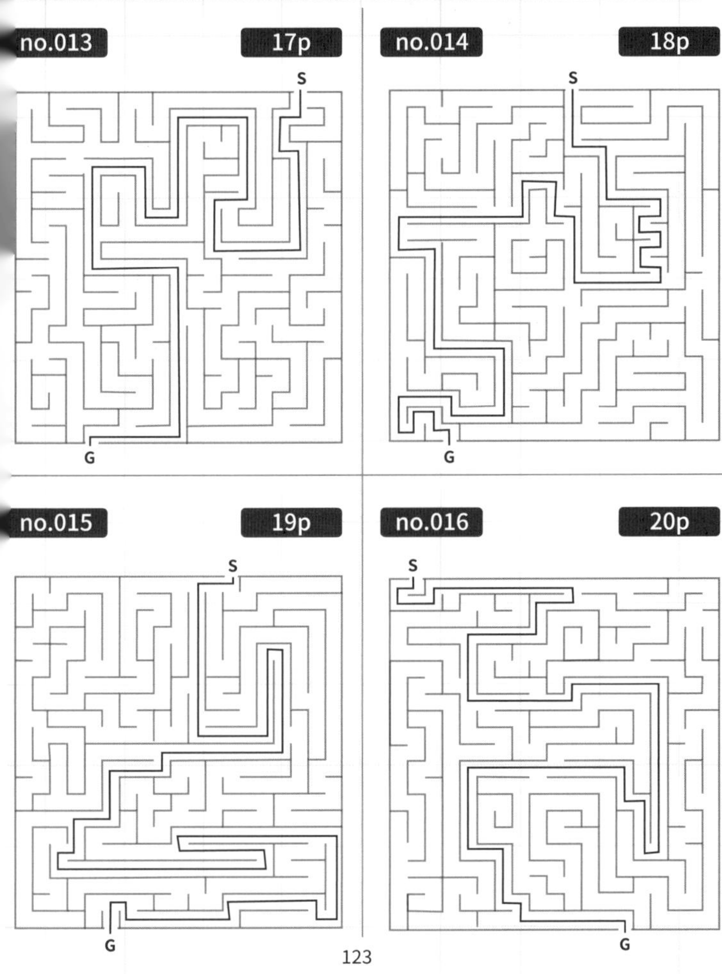

정답

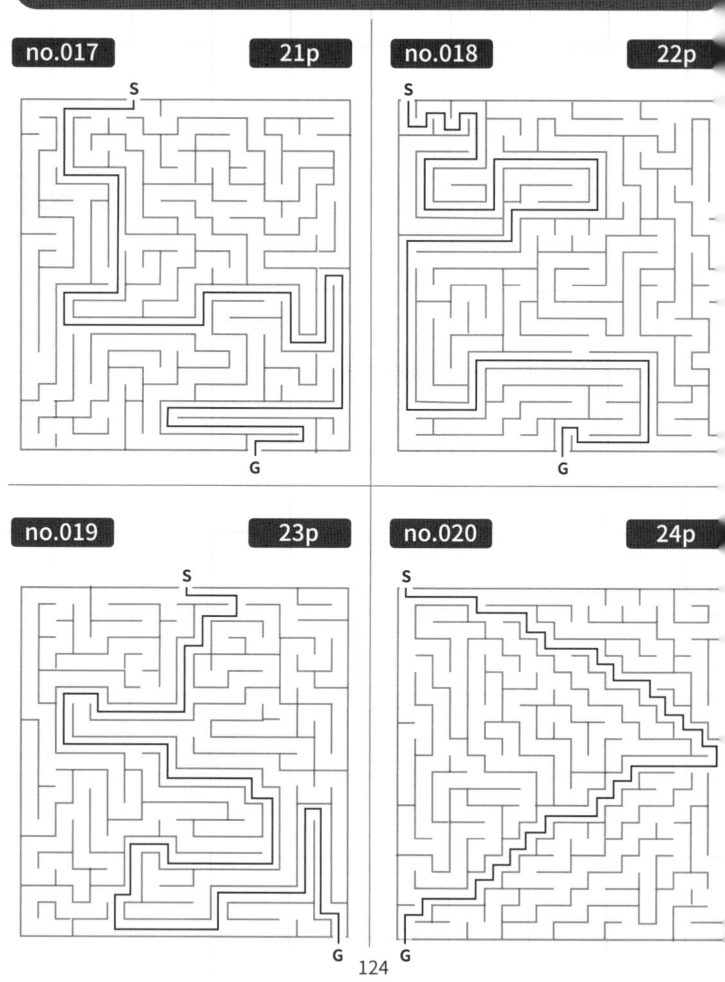

정답

no.021 25p

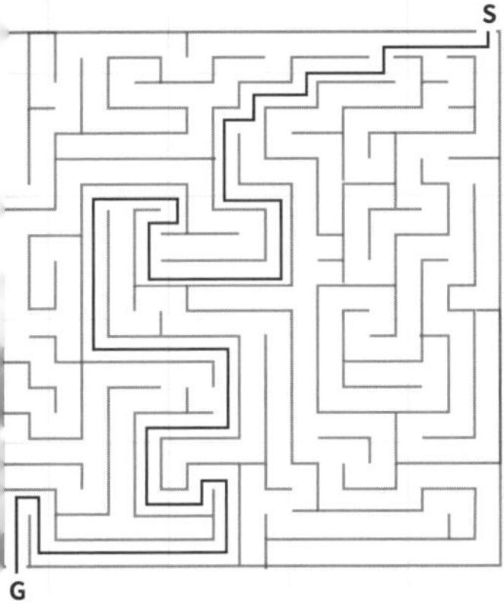

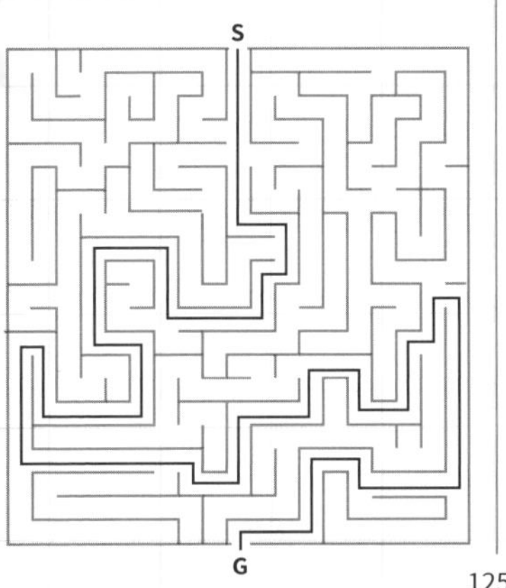

no.022 26p

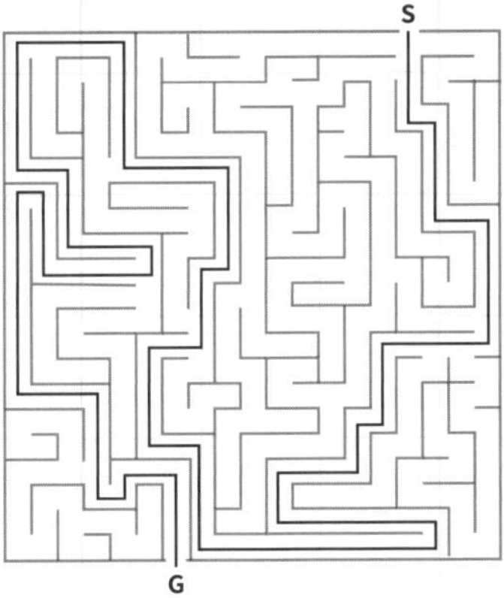

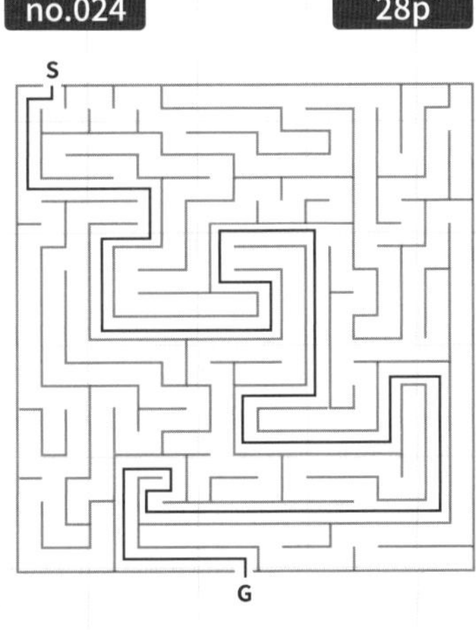

no.023 27p

no.024 28p

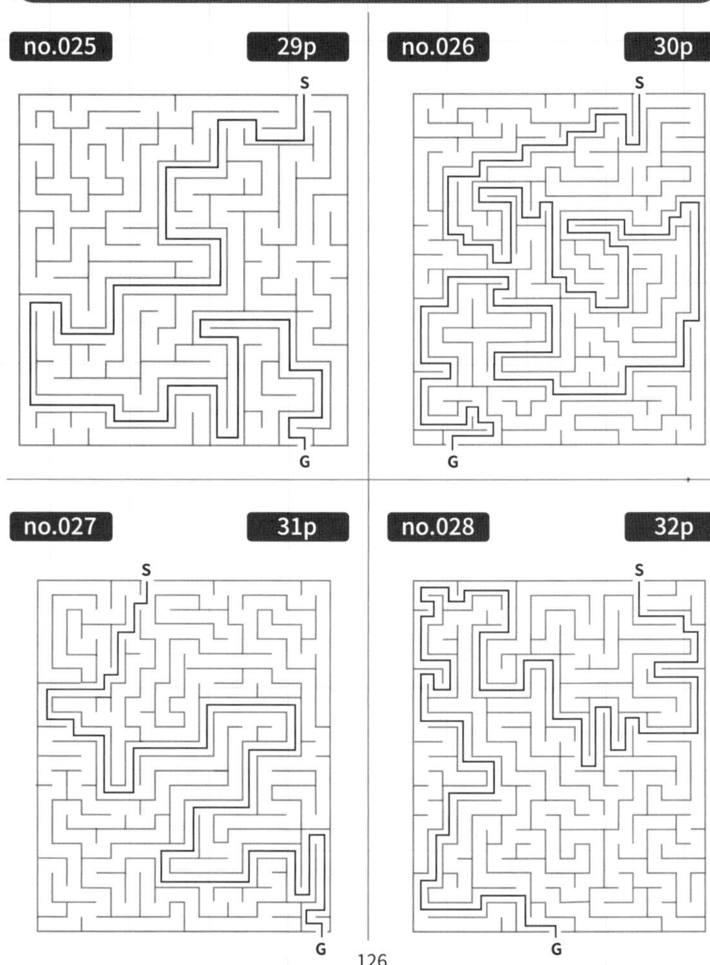

no.025
29p
S
G
no.026
30p
S
G
no.027
31p
S
G
no.028
32p
S
G

정답

no.029   33p

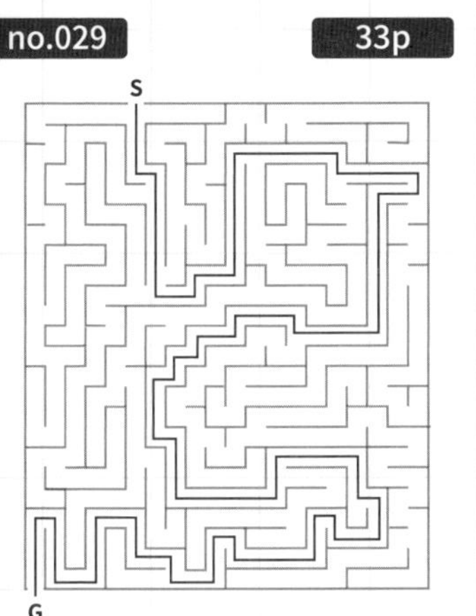

no.030   34p

no.031   35p

no.032   36p

정답

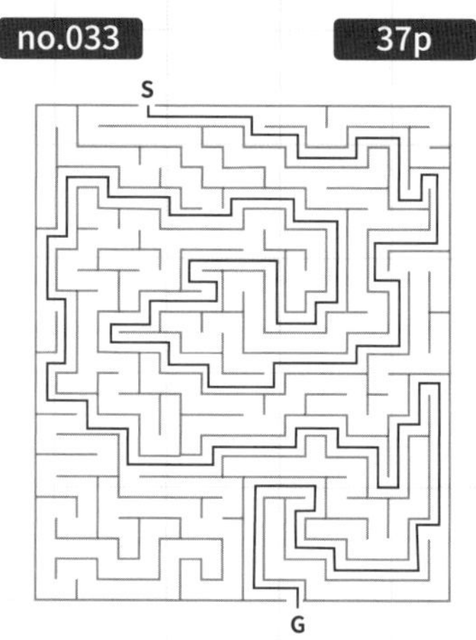

no.037 — 41p

no.038 — 42p

no.039 — 43p

no.040 — 44p

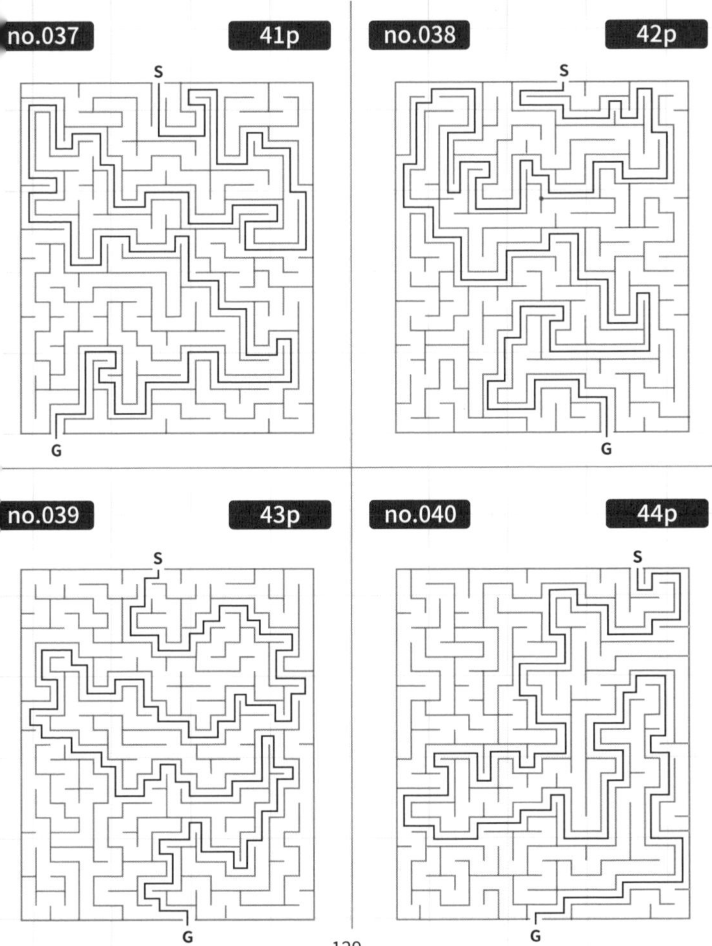

no.041 — 45p

no.042 — 46p

no.043 — 47p

no.044 — 48p

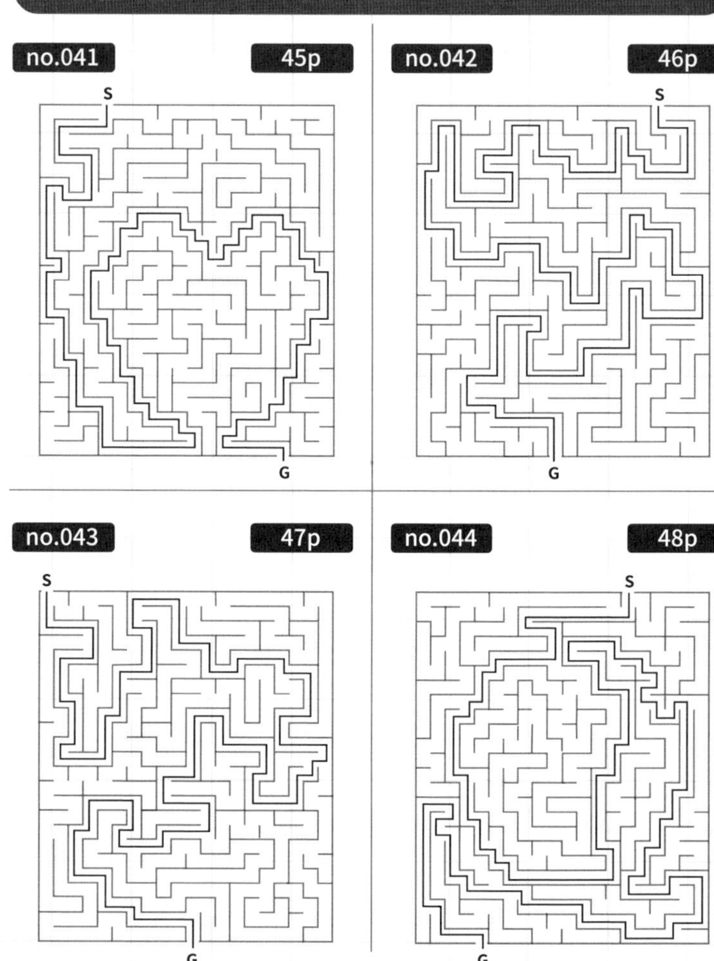

no.045 — 49p

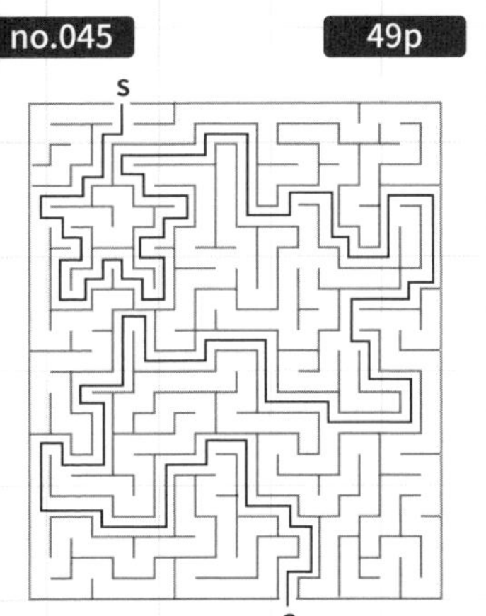

no.046 — 50p

no.047 — 51p

no.048 — 52p

no.049   53p

no.050   54p

no.051   55p

no.052   56p

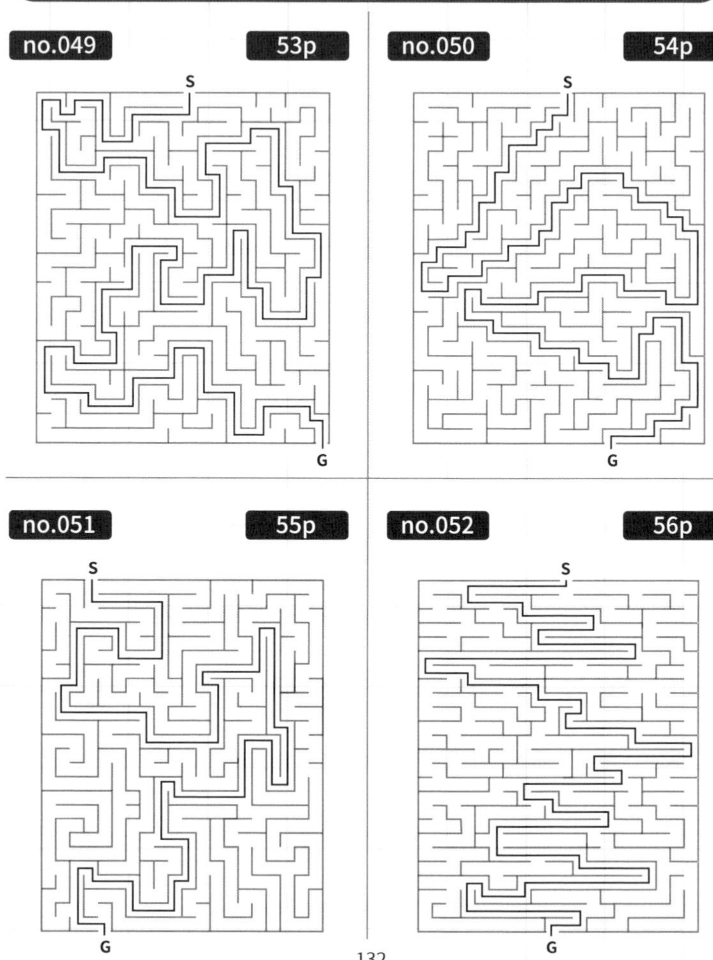

정답

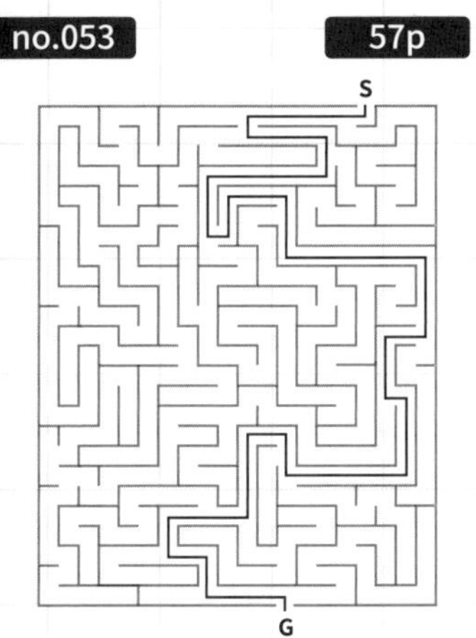

no.056　　60p

정답

no.061　　65p

S

G

no.062　　66p

S

G

no.063　　67p

S

G

no.064　　68p

S

G

no.065 69p

no.066 70p

no.067 71p

no.068 72p

정답

no.069 73p

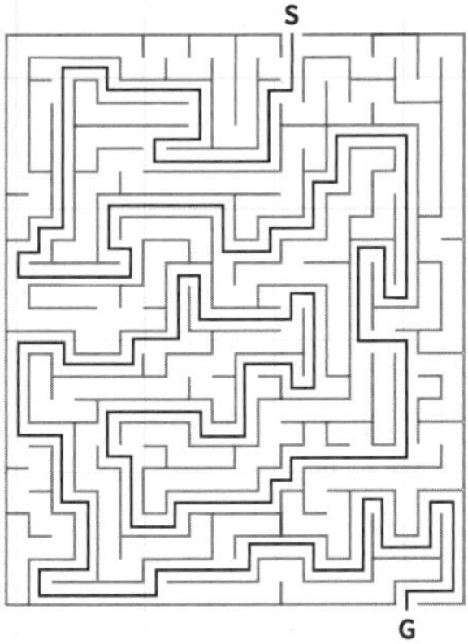

no.070 74p

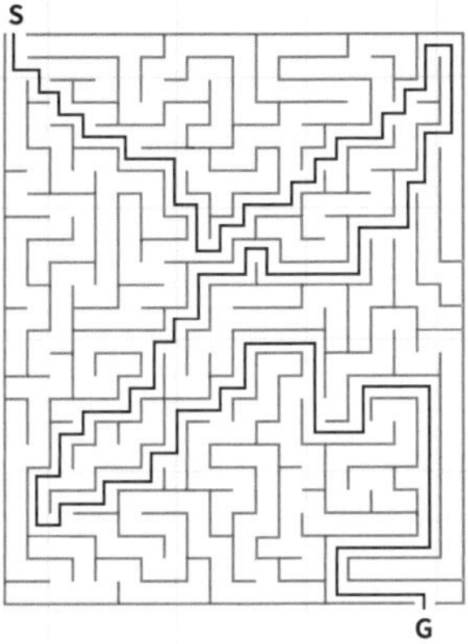

no.071 75p

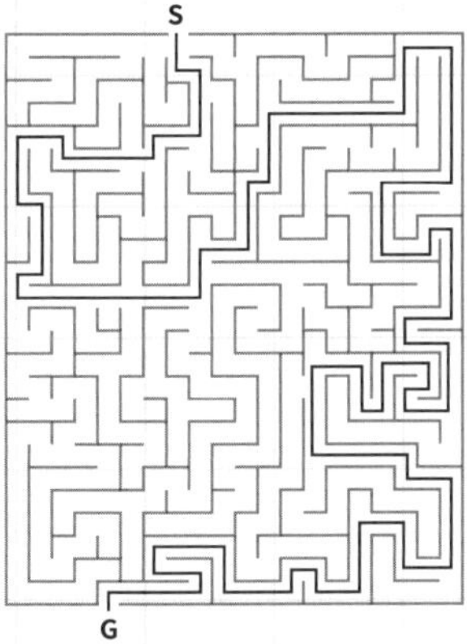

no.072 76p

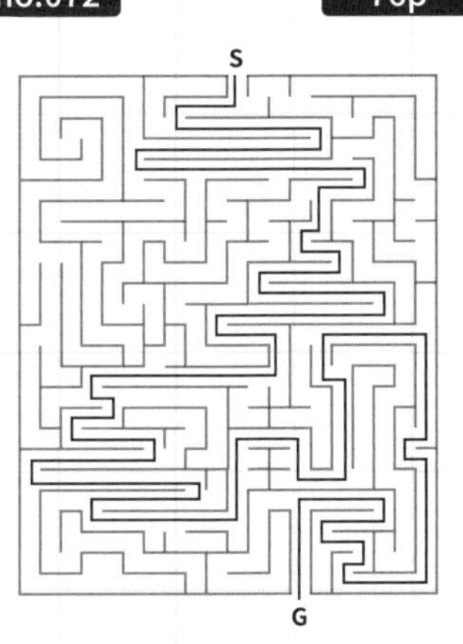

정답

no.073 — 77p
no.074 — 78p
no.075 — 79p
no.076 — 80p

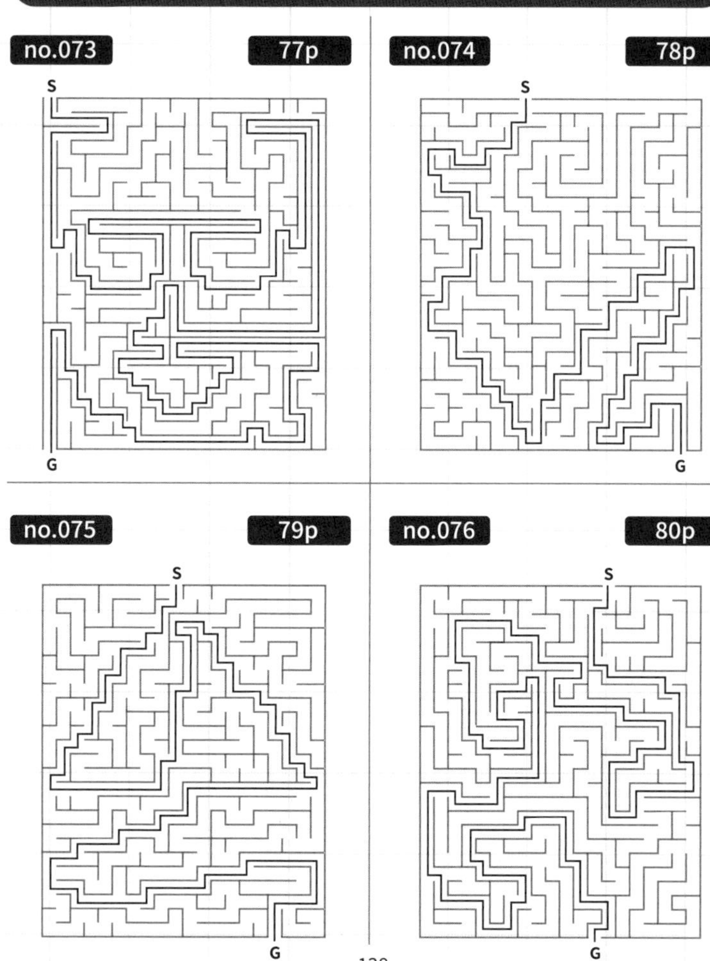

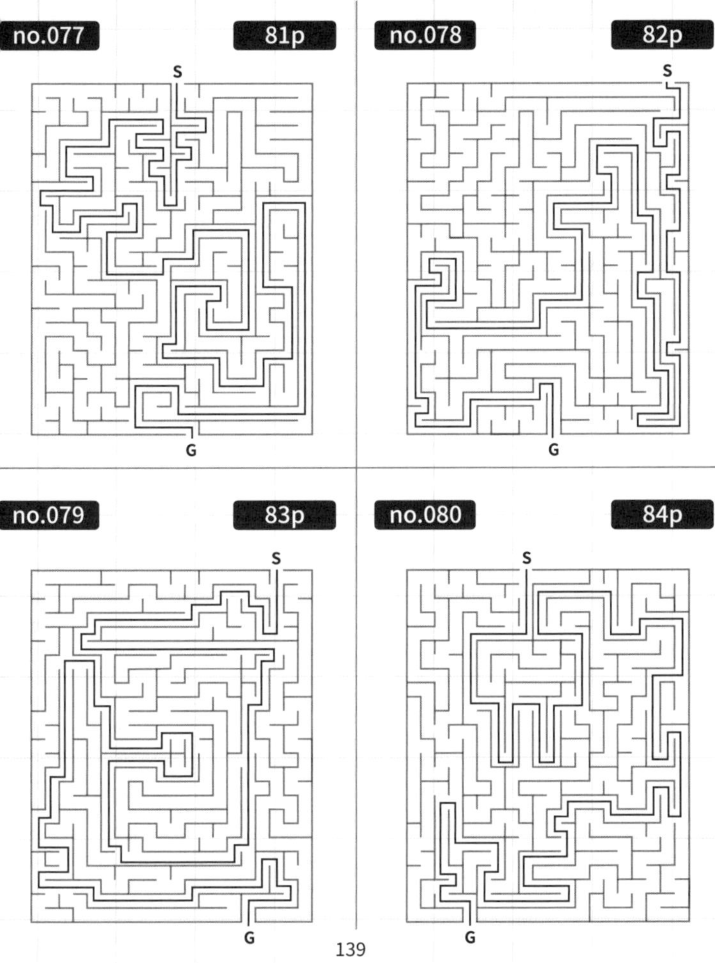

no.077
81p
S
G
no.078
82p
S
G
no.079
83p
S
G
no.080
84p
S
G

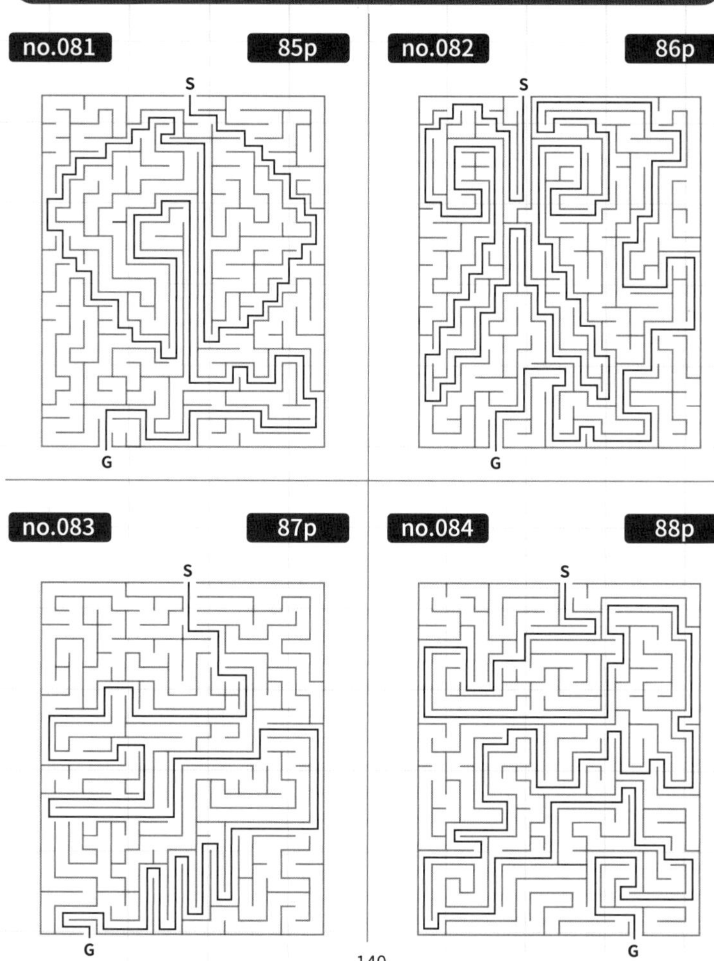

정답
no.081
85p
S
G
no.082
86p
S
G
no.083
87p
S
G
no.084
88p
S
G

정답

no.085 **89p**

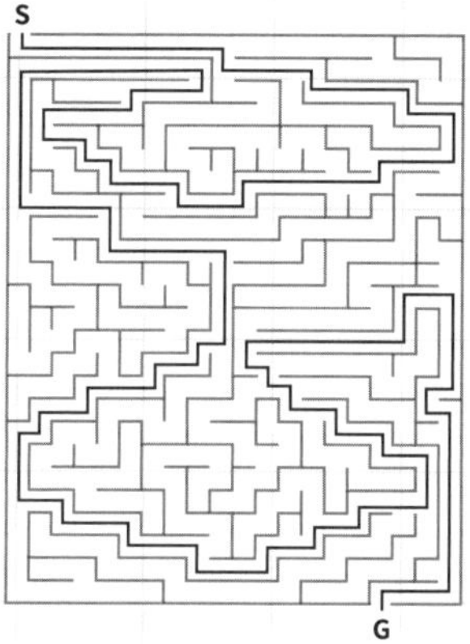

no.086 **90p**

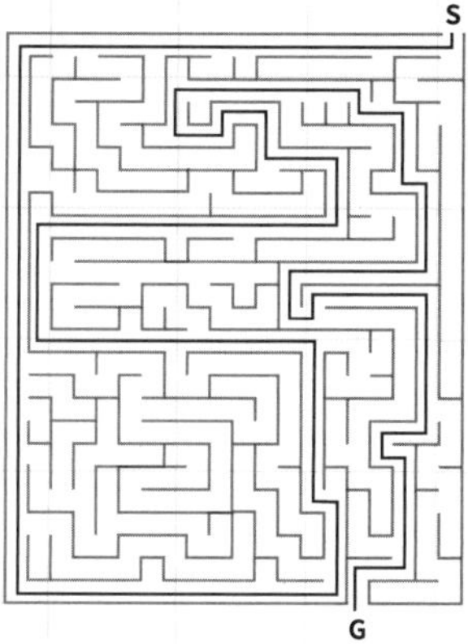

no.087 **91p**

no.088 **92p**

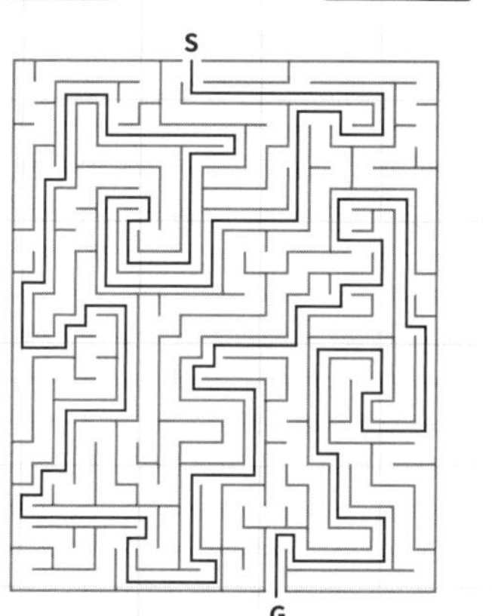

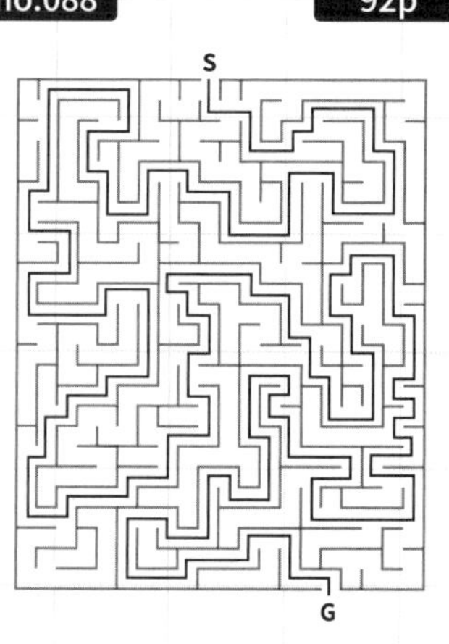

no.089   93p

S

G

no.090   94p

S

G

no.091   95p

S

G

no.092   96p

S

G

no.093   97p

no.094   98p

no.095   99p

no.096   100p

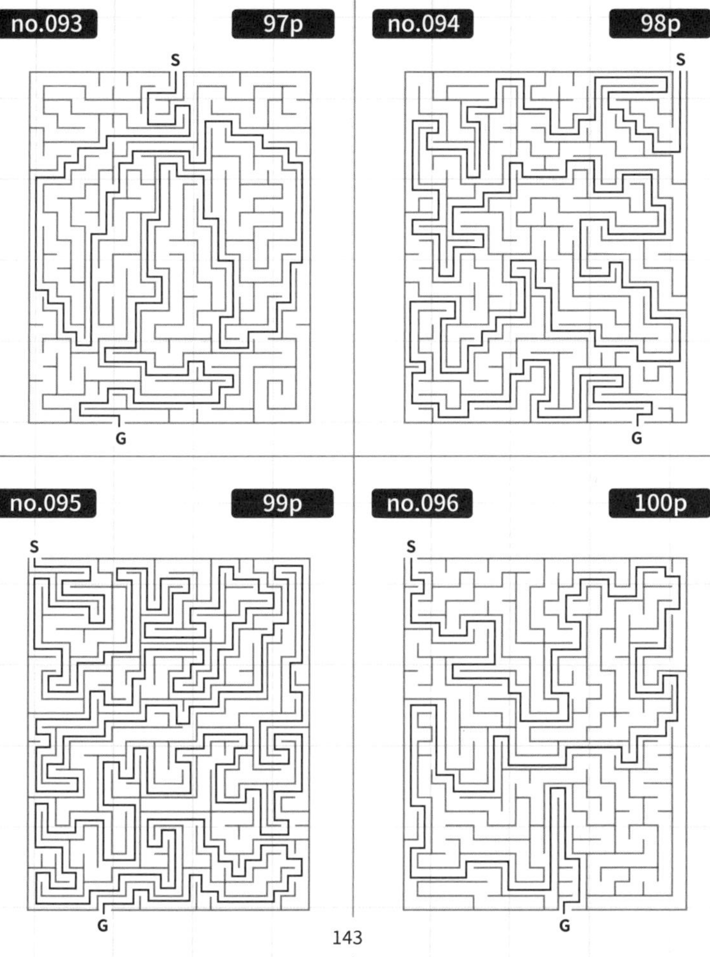

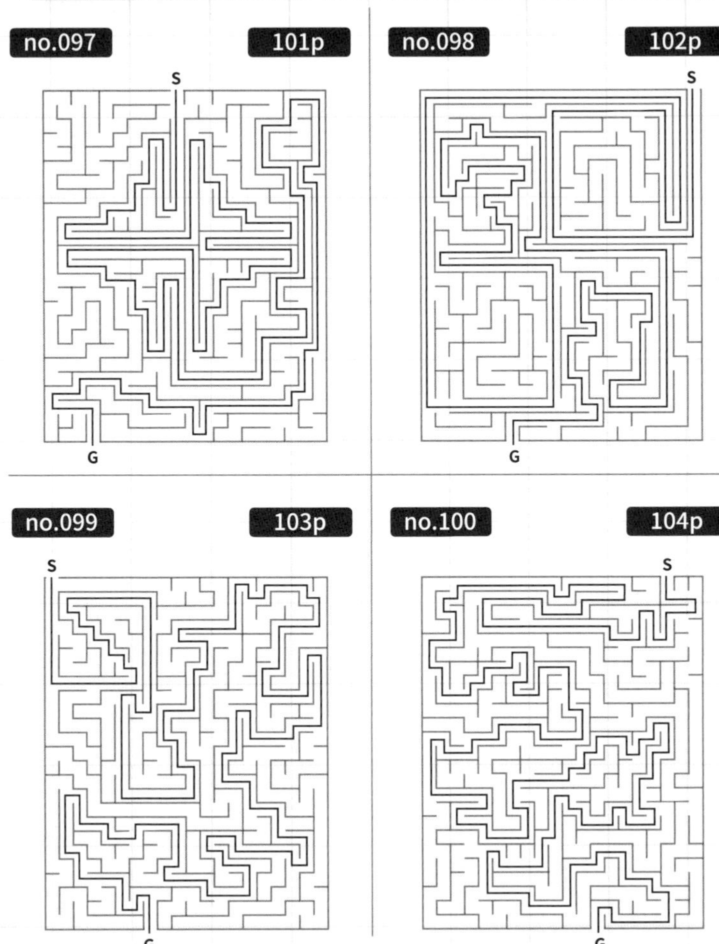

정답
no.097
101p
S
G
no.098
102p
S
G
no.099
103p
S
G
no.100
104p
S
G

no.101
105p
no.102
106p
G
S
G
S
no.103
107p
no.104
108p
G
S
G
S

no.105
109p
G
S
no.106
110p
G
S
no.107
111p
G
S
no.108
112p
G
S

정답

정답

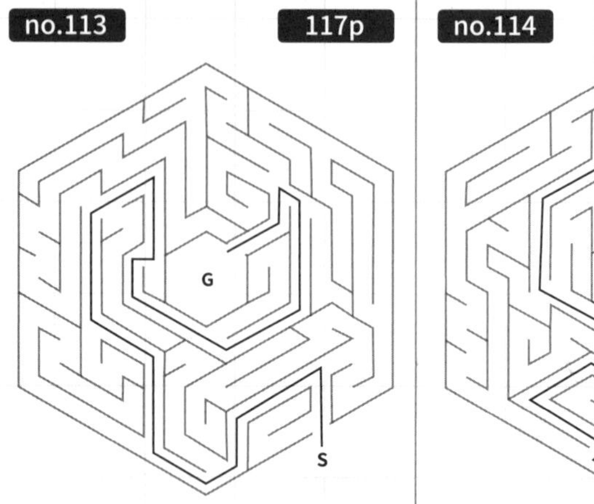

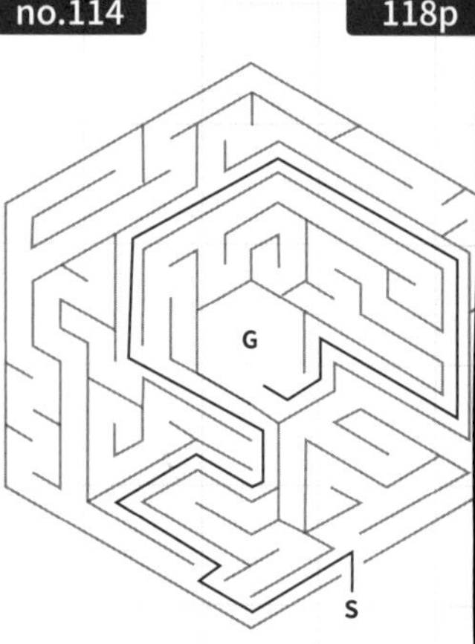

이 책은 **점잇기** 책입니다 : 강아지와 고양이편

한백 지음 | 94쪽 | 값 10,000원

1번부터 100번까지 순서대로 점를 이으면 멋진
강아지, 고양이 그림을 완성할 수 있는 있는 책.